27
Lin 1565.

ÉLOGE FUNÈBRE

DE MONSIEUR

L'ABBÉ SIMON ORSINI

CURÉ DE SANTO PIETRO

ET CHANOINE HONORAIRE.

BASTIA,
DE L'IMPRIMERIE FABIANI.

1864.

Le 31 mai dernier, un coup funeste a frappé douloureusement la respectable famille Orsini de Lento et toute la paroisse de Santo Pietro.

M. l'abbé Orsini (Simon-Cyprien), curé à Santo Pietro, chanoine honoraire de la cathédrale d'Ajaccio, frère du Père Missionnaire Orsini, neveu germain des trois frères Orsini, Dominique, Jean-Baptiste et Charles-Simon, les deux premiers curés et le dernier docteur en droit civil et canonique, s'est endormi avec ses pères à l'âge de 77 ans, après avoir reçu tous les secours de la religion.

Ces cinq vénérables prêtres de la même famille, tous solides théologiens, éloquents orateurs, diligents logiciens, qui ont laissé en Corse de si bons souvenirs, ont vécu longtemps ensemble et célébré le même jour dans l'église de Lento le saint sacrifice de la messe.

Madame sa sœur, accompagnée de ses neveux, M. le percepteur Orsini et son frère, juge suppléant, entourait ce digne et vénéré ministre du Seigneur à ses derniers moments pour recevoir l'expression de sa dernière volonté.

A cette triste nouvelle, la consternation est universelle, toute la population en émoi s'empresse autour du presbytère, et demande de voir encore une dernière fois ce digne Pasteur, qui a su conduire si bien son troupeau pendant 27 ans. Pour satisfaire à cet empressement général, on transporte le cadavre dans l'église où il reste en vénération toute la journée et la nuit suivante.

Dès le lendemain, la paroisse de Santo Pietro voit arriver de tous les pays du Nebbio, ainsi que du canton de Campitello, des gens en foule, qui viennent s'associer au deuil général et rendre un dernier hommage à un ami sincère et dévoué de tous ceux qui l'ont connu.

Le 1er juin à 9 heures du matin, la dépouille mortelle est placée sur un catafalque artistement dressé, pour procéder au service funèbre, célébré par M. l'abbé Amadei, desservant de Sorio, assisté de tous les prêtres de Nebbio. Les cérémonies terminées, le cercueil est transporté sur la place de l'église où M. Blasini, médecin, vieil ami de la famille du défunt, prononça l'éloge funèbre qui se trouve reproduit ci-après et auquel nous nous associons de corps et d'âme. A 1 heure après midi, la route qui conduit de Santo Pietro à Lento est tout encombrée de monde; c'est cette procession que nous avons vue le matin, qui s'achemine du côté de Lento pour accompagner le vénérable Défunt, ce pieux reste, vers son pays natal, vers le superbe monument destiné à le recevoir.

Les populations de San Gavino, Sorio et Pieve se font un devoir de se joindre processionnellement à l'escorte funèbre pour recevoir dans leurs églises respectives le vénéré curé et de l'accompagner bien loin de leurs villages.

Vers les 5 heures du soir, le convoi arrive dans le territoire de Lento, où est venue à sa rencontre toute la population pour exprimer le regret d'avoir perdu un sujet qui lui était si cher.

Le lendemain, on fit à Lento le même service funèbre qu'on venait de faire à Santo Pietro, et le 2 juin les restes mortels de ce bon et vertueux curé furent déposés dans son tombeau.

Les regrets de toute une province, les larmes et les soupirs de deux populations entières, l'empressement de tant de monde à rendre ses derniers devoirs à ce bon pasteur, prouvent assez les sublimes vertus et les excellentes qualités dont son âme était ornée et dont il aura déjà reçu l'éternelle récompense.

A. POLI.

Lento, le 3 juin 1864.

IN MORTE
DI DON SIMONE CIPRIANO ORSINI

CURATO A SANTO PIETRO

CANONICO ONORARIO DELLA CATTEDRALE D'AJACCIO

ELOGIO FUNEBRE
Del Dottor CHIARO BLASINI

PRONUNZIATO IL 1° GIUGNO 1864.

In memoria æterna erit Justus.

Commosso tutt'ora l'animo da dolorose emozioni, che vi destarono teneri affetti, sollecite cure, amorosi pressanti uffici, che si agitavano in pietosa gara intorno al doloroso letto di morte: alla vista di questo feretro funereo che la venerata e cara salma rinchiude, e pieno ancora il cuore dei cantici lugubri che pii ministri e pietosi fedeli innalzavano testè, in suon doglioso, fra il vestibulo e l'altare, pel riposo dell'anima del nostro ben amato Pastore, non so, se voce e lena mi sosterranno al doloroso novissimo vale; e forza mi basterà a sparger pochi fiori, a ritrarre in parte le eminenti virtù, che intera ornarono la vita di colui che piangiamo; non so, dissi, se ben compirò le parti d'interprete fedele dell'immenso dolore, che tutto ne affligge questo popolo, il quale muto, addolorato, confuso, e quasi non creda alla sventura, qui d'intorno s'affolla, come innanzi ad ara, elevando su preci, per ricercarne ancora i responsi.

Ah sì, popolo diletto, il tuo Parroco, l'amato tuo Pastore non è più! piangi pure, che pianto più bello e più giusto, da tant'anni, tu non versasti più mai!

Sia pertanto scusa al mio dire il sentimento che m'inspira la riconoscenza sì cara al mio cuore.

Simone-Cipriano della onorata famiglia degli Orsini, vide il giorno in Lento nel 1787, e, come nella casa di Aronne, discende egli da una lunga serie di Leviti, ministri nel santuario, e sacerdoti del Dio umanato, che tutti spiccarono per evangeliche perfezioni.

Sotto l'ombra dunque, sempre benefica e tutelare del santuario; al puro fonte delle celestiali verità attinse Simone i primi rudimenti di quella scienza divina, che prende l'uomo innocente alla culla, ed innocente il guida al sepolcro; voglio dire, succhiò col latte le angeliche dottrine della Religione cristiana, in che poi tanta perfezione ne aggiunse, e s'iniziò in quella scuola di carità e di amore, in quelle pratiche di fraternità e di devozione, negli elementi dell'umano sapere che sì alta radice gli profondarono nell'animo, e mai gli venner meno.

Oh come mai i primi anni della sua infanzia furono osservati, ammirati! Per lo svolgersi d'ingenui innocenti costumi, per lo sviluppo di precoce ingegno, e per l'innato amore per lo studio. Già la vocazione del Signore era in lui chiarita, sentita. Il tempio e la scuola, lo studio e l'orazione, la modestia ed il contegno erano il suo teatro, le sue occupazioni, i segni sensibili della chiamata di Dio.

Avvalorata nei successi dei verdi anni, più forte, più sentita sorse in Simone la gioventù, la quale tutta consacrò nei calmi studj delle scienze positive ed astratte, in compagnia sempre delle umane lettere e tant'ala vi stese, per diventar più tardi profondo teologo, logico esatto e facondo oratore; quasi non dissi ancora non spregievol poeta, mentre negli slanci di fervida fantasia, inspiratosi nei classici scrittori e nei rari modelli, tessea pur talora lodi al suo Dio, ed in accenti armoniosi, alla contemplazione dei sublimi ineffabili misteri, di che si ammanta la primogenita figlia del Cielo, la Religione cristiana, gli affetti del cuore gli traboccavano improvviso sul labbro.

Serj, profondi studj pertanto di astruse verità, d'alte sublimi dottrine assorbirono, quasi direi, in quell'età, il suo animo; e tutto inteso alla meditazione delle sacre scritture, attese a sviscerarle, ad inspirarsene per poscia, qual manna soave, darle a gustare a suoi simili; e tanta fu la copia che ne raccolse che, in ogni periodo di sua mortale carriera, potè arricchirne altrui, e serbarne tesoro per se stesso.

Cresceva intanto in un cogli anni in Simone la sapienza, e con questa l'ardore delle celesti verità, e l'amor pel suo Dio; onde pensò, volle unirsi più intimamente a lui, eleggendosi a suo ministro, per spargere le sue dottrine, promulgarne i mandamenti, e spandere a dovizia le di lui grazie.

Consacrato col mistico Crisma, ripieno ed inspirato dal settemplice Spirito, ecco l'unto del Signore collocato in mezzo alle popolazioni ad evangelizzare i credenti, e corroborarli negli augusti amorevoli dettati che il Dio Crocifisso aveva insegnato sul Calvario; a promulgare gli oracoli della Divina Sapienza.

E tu, avventurata Vallecalle, fosti la prima a raccogliere i frutti delle svariate sue dottrine, le primizie dello zelo ardente del suo apostolato: vivo pur sempre e caro è in quella borgata la memoria delle sue virtù, degli evangelici suoi trionfi.

Alti, imperscrutabili disegni della divina Providenza, ed amor verace di patria, il chiamarono poscia al governo della chiesa del paese nativo, ove la carità cristiana, in bell'accordo colle affezioni del suo cuore, addoppiarono i trionfi della grazia, i frutti dell'apostolico suo ministero.

Colà in vaga mostra tutti gli affetti del suo cuore, santificati dal semprevivo amor Divino, poterono espandersi più sentiti e più vivi. Acceso piucchè mai del fuoco di fervida carità fraterna, inspirato nei domestici esemplari, veri modelli di perfezione sacerdotale; sorretto all'uopo, e perchè nol dirò pure, dalla pietà e dottrina del sempre venerato Don Pietro Orsini, cara ed onorata memoria a Simone fratello diletto, là dissi, tutto lo zelo di che avvampava potè più dovizioso espandersi sui fratelli in Cristo e nel sangue.

La Providenza Divina pertanto, sempre feconda nei suoi fini, instancabile nei suoi mezzi, retta ne'suoi consigli, vide, sì vide che il ministero di tanto zelatore era pur d'uopo altrove: altro popolo, altri fedeli si attendevano ad esser santificati, evangelizzati da banditor sì insigne, da sì pio ministro.

Una voce amica lo chiama, lo invita, lo prega: Simone la intese, si arrese, la compiacque; ed eccolo appunto fra noi qual Angel di pace, qual iride celeste negli sconfortati nostri giorni.

Quanto bene abbia Egli operato; con qual lustro abbia sostenuto la pastoral sua missione, non è mestiere ch'io il rammenti.

Ognuno lo ha veduto all'opra nel santo arringo: ognuno ha potuto apprezzare il valore del vangelico atleta; l'unzione, la pietà dell'inviato del Signore. Ognuno ha conosciuto l'amenità dello spirito, la vivacità dei pensieri, l'affabilità del carattere, la grazia delle accoglienze, la dolcezza, la bontà del suo cuore, con che tutti onorava, senza distinzione di grado, o di stato.

Narri chi può più di me, l'instancabil suo zelo, la diligente attività, le paterne affettuose cure del suo cuore a pro del gregge affidatogli. Chi non ricorderà mai sempre i consigli, le ammonizioni, le istanze, i conforti, i soccorsi, l'amorosa pietà per i figli caduti o restii, per i desolati, per gli afflitti.

Ansioso di far penetrare nell'altrui cuore la pace di Dio, che regnava nel suo, si aggira, si affanna, si moltiplica. Nei solenni uffizj di zelante Pastore, incoraggia i pusillanimi, ravviva i tiepidi, consola i mesti, rinfranca i morenti.

Oh quanta venerazione non inspirava mai, quando, ornato dei sacri arredi, offriva sull'incruento altare la vittima divina, che fe' vermigli del suo sangue innocente la vetta e le pendici del Golgota, in espiazione al Signore pel diletto suo gregge; o quando, trionfante, e glorioso, all'ossequio ed adorazione l'esponeva dei fedeli! Tanta maestà traspariva dalla persona che, più augusti, più venerandi, quasi direi, rendea quei sacrosanti misteri.

Qual Angel di Dio, qual seraffico vangelico, alla fronte serena, al labbro schiuso al sorriso, all'atteggiamento festevole, appariva appunto, quando in mezzo ai pargoletti, in modi dolci e soavi porgeva loro le primizie del pane celeste, la dottrina cristiana; infondendo in quei teneri cuori le massime eterne, che alla perfezione della virtù conducono. Grave ma benevolo, severo ma pietoso, giusto ma compassionevole, sedeva frequente a giudice delle coscienze nei sacri tribunali di penitenza; più di Padre amoroso sostenendo l'ufficio, che di scrutinatore inesorabile; onde con confidenza accorrevano i credenti a rigenerarsi in quel salutare lavacro in cui egli ministrava il perdono santo di Dio.

Circondato di un'aureola di gloria la fronte, maestoso nei tratti della persona; di splendida luce vibranti le ciglia, ed il gesto accordando alla voce, risplendeva, più di Re sul trono, quando, inspirato dal Paracleto, dalla cattedra di verità bandiva in pascolo al suo amato gregge della divina parola il pane celeste.

Ed oh quante volte pendenti dal suo labbro non abbiam succhiato il nettare divino, le consolanti verità della Religione, le promesse indefettibili, le ineffabili gioje dei futuri destini! Oh come dolce scendeva sull'animo, da quelle labbia inspirate, lo sfavillante raggio della divina parola a ricrearci il cuore!

Che sublimità di pensieri, che purità di dottrina, che robustezza di stile, che copia di erudizione, vivacità d'ingegno, facondia di parole, facilità di tratti, maestà di persona! Chi meglio di lui ebbe l'abilità di ornare di svariate forme le schiette e nude massime eterne, le semplici e pure verità del Vangelo? Chi seppe mai adattare meglio all'uopo gli oracoli delle sante Scritture? Chi immedesimarsi colle passioni del secolo, per vieppiù conquiderle, non urtando la schifiltosa suscettibilità del giorno, senza però nulla concedergli? Chi non rammenta le laide pitture del vizio, e le delicate tinte delle immortali bellezze della virtù, che sì spesso offriva alla mente ed al cuore!

La nitidezza delle idee, l'elevatezza dei concetti, l'armonia dell'accento, la facilità nel porgere, a buon dritto fra i principi l'annoveravano della sacra eloquenza.

Più semplice, ma devoto; più umile, ma pio: chi non lo ammirò, prostrato appiè dei sacri altari, lodi e prieghi tributando pel suo gregge diletto, che lo seguiva, ai Cuori santissimi di Gesù e di Maria, dal suo zelo e consiglio eretti a venerazione, in pratiche devote? Quanta unzione, quanto zelo, con quanto candor di fede non ministrava in solenne apparato l'immacolato Agnello alle candide verginelle, agl'innocenti fanciulli, invitati a cibarsi la prima volta al banchetto degli Angeli!

Doti sì belle, trionfi di religione sì moltiplicati, pratiche devote sì costanti non potevano, no, restar occulti al venerabile Prelato che presiede al governo della Diocesi, il quale, testimonio Egli pure dei successi luminosi di sua dottrina nelle ecclesiastiche conferenze, pensò e volle decorarne il merito, a pubblico attestato di stima, elevando il nostro venerato Pastore alla dignità di Canonico Onorario.

A tanto zelo, a tanto merito, a tanto onore riserbava pertanto Iddio, negl'inprescrutabili suoi giudizj, il premio dei giusti. E quando ci lusingavamo che ancor per molti anni l'avrebbe conservato all'edificazione di questo popolo, ad ornamento di questa chiesa, scende il crudel colpo di morte, e il rapisce alle nostre speranze, al nostro amore!

Sul suo letto stesso di dolore però, travagliato da letal morbo, i suoi pensieri, le sue cure sempre pel diletto suo gregge; nè l'angosce dell'instante morte, nè le lagrime di ben amati nipoti, e di più cara sorella, poterono un istante abattere il suo spirito; e quando sentì approssimarsi il suo fine, dissolversi il suo frale, ricevuti, nel fervor della fede, gli ultimi conforti della divina religione, raccomandando lungamente lo spirito fuggitivo al suo divin Creatore, chiuse gli occhi alla luce di questa terra di dolore, per riaprirli al gaudio sempiterno in Cielo.

Così dunque, ci lasciasti o Simone? così si spense il fulgente candelabro, il fregio, e l'ornamento migliore della nostra chiesa, che vedova, desolata, muta ne piange l'irreparabile danno?

Ah sì, piangi pure, mistica sposa del Signore, che pianto più giusto e più bello, da tant'anni, tu non versasti più mai!!

E tu anima gentile, anima venerata e grande del tanto amato nostro canonico Pastore, che il volo spiccasti da questa terra di esilio per chiuder l'ali in grembo a quel Dio, cui servisti, e che fa beato chi a lui somiglia, deh! da quelle sedi di gloria, se il pensier dei tuoi figli non ti è vietato, volgi talora su noi lo sguardo! Sii pur sempre scorta amorosa a questo ben amato tuo popolo — non ci obliare, o Simone! Il raggio de'tuoi consigli non sia spento per noi! E se non ci è dato che la tua spoglia mortale rimanga fra noi, a cui, come ad ara verrebbe, nell'ora della preghiera, prostrato il tuo popolo ad ispirarsi, raccogli almeno questi fiori, novissimi, irrorati dalle nostre lagrime e li rendi immortali!

Scendi, placida auretta, raggio consolatore nel cuore di chi t'implora, vi spira la pietà che insegnasti, vi avviva la virtù che mostrasti; noi t'imploriamo, scendi nei languidi pensieri dell'afflitto, nei tumidi moti del fortunato, nei calmi affetti del giusto! e, qual fosti in vita, guida l'errante sguardo dei morenti!

Prega, impetra, ottieni che tutti un giorno ti raggiungiamo in Cielo, eternamente beati! Addio! Addio!

www.ingramcontent.com/pod-product-compliance
Lightning Source LLC
Chambersburg PA
CBHW061617040426
42450CB00010B/2539